LES ANCIENNES ÉCOLES de Lyon

CONFÉRENCE

FAITE AUX FACULTÉS CATHOLIQUES DE LYON

Le Vendredi 20 Janvier 1882

Par M. E. LÉOTARD

DOCTEUR ÈS LETTRES

ANCIEN ÉLÈVE DE L'ÉCOLE NORMALE SUPÉRIEURE

LYON

IMPRIMERIE EMMANUEL VITTE

Rue de la Quarantaine, 18.

1901

LES

ANCIENNES ÉCOLES DE LYON

LES
ANCIENNES ÉCOLES
de Lyon

CONFÉRENCE

FAITE AUX FACULTÉS CATHOLIQUES DE LYON

Le Vendredi 20 Janvier 1882

PAR M. E. LÉOTARD

DOCTEUR ÈS LETTRES

ANCIEN ÉLÈVE DE L'ÉCOLE NORMALE SUPÉRIEURE

LYON

IMPRIMERIE EMMANUEL VITTE

Rue de la Quarantaine, 18.

1901

LES

ANCIENNES ÉCOLES DE LYON

Mesdames, Messieurs,

Un des chapitres les plus intéressants de
l'histoire de notre cité lyonnaise serait sans
contredit celui des *Ecoles*. Nous n'en possé-
dons que des fragments épars qui attendent
encore la main savante et habile, capable de
les grouper et de restituer dans son intégrité
l'œuvre intellectuelle de nos pères. Cette tâche
laborieuse a été entreprise, je le sais, par un
honorable magistrat de notre ville : il s'y est
dévoué ; il la poursuit sans relâche, y appor-
tant son travail quotidien, son zèle infatiga-
ble, son esprit de recherche et d'investigation,

avec cet amour des lettres qui a toujours été l'apanage de notre grande magistrature française. Les matériaux sont prêts ; il n'y a plus qu'à élever le monument et le jour n'est pas éloigné, j'aime à l'espérer, où les écoles de Lyon auront enfin trouvé leur historien (1).

Ma tâche personnelle, j'ai hâte de le dire, est beaucoup plus modeste et plus facile. Je viens seulement, dans notre entretien de ce soir, vous présenter un rapide aperçu, vous tracer une légère esquisse de l'enseignement à Lyon avant la Révolution. L'essai est peut-être téméraire de ma part ; mon excuse sera dans votre indulgence qui m'est connue, et aussi dans l'intérêt qui s'attache au sujet lui-même pour un public lyonnais.

(1) Léopold NIEPCE, ancien conseiller à la Cour d'appel de Lyon, né à Cassel, en Westphalie, de parents français, le 3 décembre 1813, décédé à Lyon le 11 août 1895. Le manuscrit de son *Histoire de l'Enseignement à Lyon avant la Révolution*, que nous avons eu sous les yeux, n'a pas été publié ; il se trouve aujourd'hui à la bibliothèque de l'Université, quai Claude-Bernard.

Il m'a semblé qu'il pouvait y avoir quelque utilité, j'ajouterais volontiers, si je ne craignais de faire songer à un mot dont on a singulièrement abusé, bien que l'Académie ne lui ait pas encore donné droit de cité dans la langue, une certaine opportunité, au moment où la question des écoles est devenue une arme de combat contre l'Eglise, à rétablir la vérité des faits, à répondre une fois de plus aux accusations mensongères, mais sans cesse renouvelées, de ceux qui prétendent qu'en matière d'enseignement, comme de liberté, tout date, dans notre pays, de 1789.

Nous rencontrerons, sur notre passage, de belles et nobles figures, telles que celle de Charles Démia, le précurseur du Vénérable de la Salle (1), le promoteur, le véritable fondateur des écoles de Lyon, pour l'enseignement populaire, le père de cette congrégation modèle des Sœurs de Saint-Charles qui s'est vouée,

(1) Béatifié le 19 février 1888, canonisé le 24 mai 1900.

dans notre ville, à l'instruction et à l'éducation des filles et qui, à l'heure actuelle, y partage encore, avec les dignes filles de Saint-Vincent de Paul, l'honneur et le fardeau de l'enseignement chrétien des enfants du peuple : Charles Démia, trop oublié aujourd'hui, et dont le nom mériterait, si nous vivions en d'autres temps, d'être inscrit dans nos rues, sur nos places publiques, à côté de ceux de Frédéric Ozanam et d'Ampère. Au nom de Charles Démia nous aurons à associer celui de Camille de Neuville, un de ces archevêques qui ont illustré le siège de Lyon autant par leurs vertus que par leurs bienfaits, et que le troupeau confié à leur garde aimait à comparer aux deux fleuves qui baignent nos murs et apportent à notre cité, avec le tribut de leurs eaux, une source inépuisable de richesse et de prospérité. Nous verrons que l'Eglise de Lyon, comme l'Eglise de France, a su veiller avec une constante et maternelle sollicitude sur les écoles, en favoriser la création et le développement, se faire la gardienne et la protectrice des études, ce qui n'est pas le moindre de ses titres à notre filiale reconnaissance.

La première mention qui soit faite des écoles dans l'histoire de Lyon est celle des écoles romaines. La colonie romaine de *Lugdunum*, fondée au lendemain de la conquête de la Gaule par César, au confluent du Rhône et de la Saône, sur l'emplacement d'un ancien marché celtique, était devenue, en peu d'années, une cité des plus florissantes, et Auguste en fit la capitale de la Gaule transalpine. Les travaux d'un savant allemand, le docteur Otto Hirschfeld, de Vienne (1), qui est venu étudier sur place

(1) Otto HIRSCHFELD, professeur à l'Université impériale de Vienne. Extraits de la revue intitulée : *Etudes viennoises*, Vienne, 1881.

Le docteur Hirschfeld avait été chargé de la publication des *Inscriptions romaines de la Gaule*, dans le grand recueil du *Corpus inscriptionum græcarum et latinarum*, édité à Berlin, et auquel M. Léon Rénier paraît avoir refusé son concours depuis nos désastres.

nos origines lyonnaises, pour le *Grand Recueil des Inscriptions latines de l'Académie de Berlin*, semblent devoir modifier quelque peu la tradition établie jusqu'ici sur la véritable situation de l'autel et du temple d'Auguste dont les vieilles colonnes font un des plus beaux ornements de notre basilique d'Ainay (1). Notre savant épigraphiste, M. Allmer (2), s'est fait l'interprète du pro-

(1) D'après M. Hirschfeld, le cours des deux fleuves ayant changé, on ne peut déterminer avec certitude le confluent primitif du Rhône et de la Saône. Deux énormes colonnes de granit, qui à présent en font quatre et soutiennent la coupole de la petite église d'Ainay, sur la rive gauche de la Saône, semblaient indiquer ce point comme l'antique emplacement de l'*ara* des empereurs.

Mais, en 1858, des fouilles pratiquées près de la place des Terreaux, dans l'ancien jardin des Plantes, ont ramené au jour les restes d'un amphithéâtre, plusieurs fois mentionné comme étant dans le voisinage de l'autel. Précédemment déjà, on avait retrouvé à cet endroit des débris de bronze, de grands fragments d'architecture, des marbres, des mosaïques, et, il y a plus de trois cents ans, la table de bronze contenant le discours de l'empereur Claude, d'où le nom d'une rue du quartier : la rue des Tables-Claudiennes.

(2) ALLMER (Auguste), le savant épigraphiste, né à Paris,

fesseur de l'Université de Vienne dans un des premiers numéros de la *Revue Lyonnaise*, cette jeune publication destinée à remplacer l'ancienne *Revue du Lyonnais* (1). Mais ce que la critique et la science contemporaines ne sauraient nous enlever, ce sont nos martyrs. Ceux-là nous demeurent bien acquis et M. Renan lui-même, en dépit de ses tendresses et de ses préférences pour les persécuteurs, a dû payer son tribut d'hommage et d'admiration aux héroïques victimes de la persécution de Marc-Aurèle.

le 8 juillet 1815, membre correspondant de l'Institut, auteur de la belle publication des *Inscriptions antiques de l'Isère*, faite en collaboration avec M. de Terrebasse, décédé à Lyon, le 27 novembre 1899.

M. Allmer avait entrepris un nouvel et grand ouvrage qui avait pour titre : *Inscriptions de Lyon*, en supplément au *Recueil des Inscriptions antiques de Lyon*, publié par M. Alphonse de Boissieu, de 1846 à 1854 (in-folio).

(1) *Revue lyonnaise*. Première année, tome Ier, n° 3, mars 1881. — (Note de la rédaction, pages 181-182.)

Cette revue a cessé de paraître en 1885.

Dans ce même numéro se trouve un chapitre initial intitulé : *Lyon à l'époque romaine*, traduit de l'allemand par M. Allmer.

La nouvelle capitale de la Gaule romaine dut avoir ses écoles, comme toutes les grandes cités de l'empire. Nous savons, par un texte de Suétone, le biographe de Caligula (1), qu'on célébrait à Lyon des jeux académiques, des concours, des tournois d'éloquence, près de l'autel d'Auguste. Il avait plu à ce fou furieux qui prit un jour la fantaisie d'élever son cheval au consulat, de décréter que le vaincu serait condamné, non seulement à faire l'éloge du vainqueur, mais encore à effacer avec sa langue ses propres écrits, sous peine d'être battu de verges ou jeté dans le Rhône. La terreur des orateurs lyonnais était proverbiale. Le poète Juvénal l'a exprimée dans deux beaux vers qui ont été ainsi traduits :

Pâle comme un rhéteur, tremblant d'émotion,
Qui monte sur l'autel des concours de Lyon (2).

(1) SUÉTONE, *Les Douze Césars*, Vie de Caligula, ch. xx.
(2) JUVÉNAL, satire I, v, 43-44.
Palleat ut. . . . .
... Lugdunensem rhetor dicturus ad aram.

Lyon eut alors son école municipale à laquelle étaient attachés tous les privilèges des municipes, école qui brilla d'un grand éclat, d'après les témoignages que nous ont légués les auteurs contemporains, et où enseignait le fameux Titanus dont Sidoine Apollinaire fut l'élève : Titanus appelé par ses envieux le singe de son temps, à cause de ses imitations affectées de Cicéron, de Virgile, de Columelle, de Varron, et de Sénèque l'ancien. Cette école était la rivale de celle de Fronton, le précepteur de Marc-Aurèle, et les disciples de Fronton, les Frontoniens, n'avaient rien trouvé de mieux pour discréditer le concurrent de leur maître que de lui jeter à la face l'épithète de *simius*.

A côté de ces écoles municipales qui étaient des écoles païennes, il y eut de bonne heure des écoles chrétiennes, les écoles épiscopales. Lyon eut l'école de Saint-Irénée que je ne saurais passer sous silence dans cette Université Catholique dont il est le premier et légitime patron. Les deux enseignements se trouvèrent alors en présence dans notre ville comme les deux religions. Saint Irénée réunit à *Lugdunum* les premiers éléments d'une instruction évangélique, d'une part, pour soustraire au danger des écoles païennes la jeunesse élevée dans la foi nouvelle, et, de l'autre, pour préparer à la prédication et au ministère tout un ordre de Lévites. Partout où pénétraient les apôtres du nouveau culte, on voyait ainsi s'élever des écoles destinées à populariser l'enseignement de la doctrine chrétienne. Les écoles païennes continuèrent à subsister; elles l'emportaient par la supériorité de la forme, car elles s'attachaient plus aux mots qu'aux choses, étaient des écoles de rhétorique plutôt que de philosophie. Les écoles chrétiennes, moins littéraires, l'emportaient par le fond; elles agissaient plus puissamment sur les âmes, imprimaient aux intelligences une plus vive impulsion, un plus noble essor. Peu à peu les deux enseignements tendirent à se rapprocher, sans se confondre, et se communiquèrent mutuellement les qualités propres à chacun d'eux. L'enseignement païen tendit à devenir plus sérieux, l'enseignement chrétien plus riche, plus orné, plus littéraire. Nous avons sur les écoles de cette époque le jugement de deux hommes bien connus dans notre ville, et dont la perte est encore récente : M. Montfalcon et M. de la Saussaye. (1)

« Lyon, dit M. Montfalcon, possédait alors des écoles publiques qui étaient célèbres. On y enseignait l'éloquence, la poésie, la philosophie et les sciences, et il s'y formait des orateurs distingués. Il fallait avoir fait preuve de grandes connaissances dans les lettres grecques et latines pour être admis au nombre des professeurs. A cet enseignement laïque se joignait celui des clercs et de l'évêque, dans les églises, qui étaient de sa-

(1) Le premier est mort en 1875 et le second en 1878, le 24 février.

vantes écoles. Ces prêtres, dans un âge de ténèbres, parlaient le grec et le latin, comme leur langue maternelle. Ils avaient une grande érudition, une logique puissante, et possédaient à fond les grands écrivains de l'antiquité » (1).

« La célébrité des écoles de Lyon, dit à son tour M. de la Saussaye, ne s'amoindrit pas au ıv⁰ siècle, puisqu'elle était, au commencement du siècle suivant, un des principaux titres de *Lugdunum* » (2). Un hagiographe de l'époque carlovingienne qui écrivait sur des matériaux aujourd'hui perdus, assure qu'au temps de saint Patient et du prêtre Constance, celui-là même auquel Sidoine Apollinaire adressait ses lettres, la ville de *Lugdunum* était communément appelée le gymnase public de l'empire en deçà des mers

(1) Montfalcon, *Histoire monumentale de la ville de Lyon*, 1866, tome I, gr. in-4°, ch. viii, page 131.

(2) L. de la Saussaye, ancien recteur de l'Académie de Lyon (*Les Six premiers siècles littéraires de la ville de Lyon*, Paris, Aubry, 1876, in-8°, ch. vii, pages 157-158).

« *publicum citra marini orbis gymnasium* » (1).

« En ce temps-là, ajoute l'historien sacré, la cité des Lyonnais, la première et la principale ville des Gaules, brillait entre toutes par le culte de la science et la discipline des écoles... » (2).

Nous ne savons rien ou presque rien de l'époque qui suivit la grande invasion, de l'époque mérovingienne. Il faut arriver à l'époque de Charlemagne pour retrouver la trace perdue de l'enseignement dans les écoles de Lyon. C'est, avec Leidrade, archevêque de Lyon au IXᵉ siècle, le prédécesseur de saint Agobard, et le diacre Florus, son disciple, appelé lui-même le maître par excellence, *Magister*, que commence une période nouvelle dans l'histoire de nos écoles (3). Leidrade, l'ami et le bibliothécaire de Charle-

---

(1) Héric d'Auxerre, *Vie de saint Germain.*

(2) *Ibid.*

(3) Leidrade, archevêque de Lyon, né à Nuremberg vers 736, mort en 816, dans l'Abbaye de Soissons, fonda deux écoles dans son diocèse.

magne, essaya dans son diocèse une restauration des lettres analogue à celle que le grand empereur, le dompteur des nations, comme on le nomme aujourd'hui, moins pour exalter que pour rabaisser sa gloire, tenta par ses capitulaires, par ses ordonnances relatives à l'enseignement. Leidrade était un des membres de cette Ecole du palais fondée par Alcuin, école qui fut notre première académie, une sorte d'école normale, berceau sinon de l'Université de Paris, du moins de l'enseignement supérieur en France. Chaque membre de l'école du palais y figurait sous un pseudonyme, emprunté à l'antiquité sacrée ou profane. David était le pseudonyme de Charlemagne, Flaccus celui d'Alcuin. Leidrade avait été un des *missi dominici*, ou inspecteurs généraux de Charlemagne, avant de devenir évêque. Il écrivit à l'empereur une lettre pour lui rendre compte de sa mission et lui exposer ce qu'il avait fait dans son diocèse. Cette lettre, très curieuse, nous a été conservée. Je vous demande la permission d'en extraire ce qui est relatif aux écoles de Lyon.

« J'ai formé, dit Leidrade, des écoles de chantres dont plusieurs sont déjà assez instruits pour pouvoir en instruire d'autres. En outre, j'ai des écoles de lecteurs qui non seulement s'acquittent de leurs fonctions dans les offices, mais qui, par la méditation des livres saints, s'assurent les fruits de l'intelligence des choses spirituelles. Quelques-uns peuvent expliquer le sens spirituel des Evangiles; plusieurs ont l'intelligence des prophéties; d'autres des livres de Salomon, des Psaumes, et même de Job. J'ai fait aussi tout ce que j'ai pu dans cette église pour la copie des livres. » (1)

(1) *Lettres de Leidrade,* dans les *Analecta de Mabillon.* M. l'abbé H. FOREST, chanoine d'honneur de la Primatiale, supérieur des Missionnaires de Lyon, vicaire général, dans son *Histoire de l'Ecole Cathédrale de Lyon,* publiée, en 1885, chez Delhomme et Briguet, 3, avenue de l'Archevêché, donne la traduction française de cette lettre de Leidrade qu'on peut appeler, dit-il, la charte de la fondation de l'école de Lyon (ch. 1er, page 1). Aujourd'hui en-

Ces écoles étaient donc des écoles de chant et de lecture, des écoles ecclésiastiques. La musique, la musique sacrée, il ne faut pas l'oublier, tenait une grande place dans les offices de l'Eglise. Elle était un des sept arts libéraux renfermés dans le *Trivium* et le *Quadrivium* de saint Augustin. Le *Trivium* comprenait la grammaire, la rhétorique et la dialectique ; le *Quadrivium*, l'arithmétique, la géométrie, la musique et l'astronomie. C'était l'encyclopédie classique du temps. La théologie formait une science à part qui n'é-

core, le Petit Séminaire de Saint-Jean, de Lyon, héritier et successeur de l'Ecole Cathédrale, porte d'azur à la croix archiépiscopale d'argent, avec l'écu timbré d'une couronne de comte et la devise *Antiqua Leidradi schola*.

Cf. *Un collège à Lyon au IXe siècle*, discours prononcé à l'Institution des Chartreux, en 1881, par l'abbé REURE, aujourd'hui professeur à la Faculté catholique des Lettres.

M. Félix DESVERNAY, administrateur-délégué de la Bibliothèque de la Ville, a publié, à part, tout récemment, une nouvelle édition de la lettre de Leidrade, d'après le manuscrit de la Bibliothèque de Lyon (*vidimus* du 18 octobre 1447). Le texte latin est suivi d'une traduction de l'abbé H. FAVIER, avec une bibliographie de Leidrat par l'abbé J.-B. MARTIN. — Lyon, Emmanuel Vitte, 1899, gr. in-8°, 32 pages.

tait pas encore sortie du sanctuaire. La lecture avait aussi une grande importance, à cause des manuscrits que l'on déchiffrait, que l'on transcrivait dans les cloîtres où il y avait ce qu'on appelait les librairies, les bibliothèques, d'où le nom de libraires, *librarii*, donné alors aux copistes (1). Les écoles du cloître s'élevèrent partout à côté des écoles épiscopales dont le directeur était désigné sous le nom de Scholastique ou d'Ecolâtre.

Un ancien conservateur du musée de Lyon, Artaud (2), un des prédécesseurs de M. Mar-

(1) « La bibliothèque de l'Ile-Barbe, formée sous Charlemagne, était à proximité et nos archevêques y pouvaient librement recourir pour multiplier les copies des ouvrages les plus utiles, Florus, le diacre, avait, à cet égard, des richesses que tout l'empire lui enviait. D'autre part, des donations successives enrichissaient peu à peu la bibliothèque de l'Eglise de Lyon. Plus d'une fois l'obituaire mentionne les legs pieux de ceux dont l'Eglise doit garder un souvenir reconnaissant et spécifie des dons de livres au même titre que les choses de la plus haute valeur. » L'abbé FOREST, *op. cit.*, page 15, ch. 1er.

(2) Artaud (François), archéologue, né à Avignon en 1767, mort en 1838.

tin Daussigny, nous a conservé la description d'une mosaïque fort remarquable qui existait dans l'église de Saint-Just, qui avait survécu aux orages révolutionnaires et que les fabriciens de la paroisse de Saint-Irénée ont malheureusement fait disparaître, vers la fin du règne de Charles X, pour la remplacer par des dalles. Cette mosaïque représentait des lecteurs ou professeurs des écoles du cloître, et indiquait aussi les sciences qu'on enseignait dans ces écoles. Artaud l'avait vue ; il la décrit ainsi (1) :

« C'est avec beaucoup de peine que nous avons trouvé l'ensemble de ce pavé qui, dé-

(1) *Histoire abrégée de la peinture en mosaïque*, suivie de la description des *Mosaïques de Lyon et du midi de la France*, ainsi que d'un aperçu relatif au déplacement de ces pavés, par F. ARTAUD, chevalier des ordres royaux de Saint-Michel et de la Légion d'honneur, ancien directeur du Conservatoire des Arts et du Musée de Lyon ; correspondant de l'Institut de France ; de l'Académie de Lyon ; de la Société des Antiquaires de Paris, de celle de Londres, de la Société royale d'Edimbourg, d'Anvers, etc. — Lyon, imprimerie de Gabriel Rossary, rue Saint-Dominique, n° 1, 1835, in-4° (pages 71-72).

gradé d'abord par les troupes du baron des
Adrets, le fut ensuite davantage, lors du siège
de Lyon, par les bombes et les obus qui plu-
rent dessus. La partie supérieure de cette
peinture lapidaire représentait des signes du
zodiaque et des objets relatifs aux saisons,
dont quelques-uns sont détruits : elle devait
avoir rapport à l'enseignement de l'astronomie. Au-dessous de cadres ronds, renfer-
mant les Poissons, le Lion, le Sagittaire, au
nombre de dix qui restent et dont on voit les
traces, est une large bordure formée avec des
entrelacs parmi lesquels on voit des ornements plaqués, formés avec des morceaux de
marbres, de *serpentum,* de porphyre, selon le
goût du temps. Immédiatement après, sur
une ligne, on lit : *Grammatica, Dialectica,*
Rhetorica, au-dessous des trois arcades qui
formaient des espèces de niches dans les-
quelles sont la Grammaire, la Dialectique, la
Rhétorique personnifiées. La première, dont
on ne voit plus que les jambes, ayant des bas

rouges, parait être assise ; la seconde, qui est debout, est drapée à l'antique; elle a, par dessous, une tunique grise, et, par dessus, une grande robe rouge, ou plutôt un manteau jeté d'un seul côté et glissé sur les épaules. Sa tête est revêtue d'un bonnet carré gris, et ses pieds sont chaussés avec des bottines dont la pointe est relevée à la poulaine. La Rhétorique est complètement effacée ainsi que les autres figures qui faisaient suite. Dans le second rang, on ne voit que les noms de la Prudence et de la Justice, le reste manque. A la troisième ligne, au-dessous, on n'aperçoit que le mot *Sapientia*. En tout on comptait dix-huit arceaux, formant divers étages, et dix-huit figures. Immédiatement après, on trouve une grande inscription en cubes noirs, sur un fond blanc formant huit lignes entre deux traits, sur une espèce de tablette que font remarquer deux prêtres figurés aux extrémités. Ces deux prêtres (ce sont les professeurs) sont vêtus comme les précédents : tunique grise, manteau rouge, avec cette différence que leur bonnet carré est rouge. C'est le costume des professeurs » (1). Au-dessous de cette inscription qui était relative aux chrétiens lyonnais égorgés sur la montagne de Saint-Just, sous Sévère, avec leur évêque Irénée, on aperçoit encore la naissance d'un arceau surmonté de deux tours accompagnées de pointes triangulaires qui désignent probablement les remparts ou la clôture de l'ancien monastère.

« Nous pensons, ajoute Artaud en terminant, que cette mosaïque religieuse a été faite pour

(1) Voir le texte de l'inscription latine en vers hexamètres dans la description de la mosaïque de Saint-Irénée. *Ibid.*, page 72, et Atlas gr. in-folio, planche XIII, 1818 (ouvrage inachevé).

Nous en donnons la traduction française : « N'entrez pas dans ce lieu saint, pécheurs, sans vous frapper la poitrine, sans implorer votre pardon en mêlant à vos prières vos gémissements et vos larmes. Ici repose la phalange des compagnons de l'Evêque Irénée. Par le martyre il leur a frayé la voie pour monter au ciel. Si vous désirez en connaître le nombre, ils étaient dix-neuf mille à la suite de leur chef. On compte aussi parmi eux des femmes et des enfants. La main du bourreau a tranché leur vie ; ils joüissent maintenant de la lumière du Christ. »

conserver le souvenir des écoles que Charlemagne avait fondées par le soin de son illustre secrétaire Leidrade. » (1)

L'œuvre de Charlemagne, en matière d'enseignement, fait époque dans l'histoire des
écoles. Les capitulaires ne firent que conti-
nuer la grande tradition de l'Eglise et des
Conciles. L'Eglise avait été fidèle à sa mission
d'enseigner. *Ite et docete omnes gentes*, avait
dit Notre-Seigneur à ses apôtres. Entre la
science païenne et la science chrétienne, outre la différence des doctrines, il y en avait
une autre qui sépare profondément les écoles
chrétiennes des écoles païennes. Les écoles
des anciens philosophes étaient fermées au
vulgaire (*odi profanum vulgus*) ; les rhéteurs
et les grammairiens vendaient leurs leçons.
L'enseignement chrétien s'adressait à tous,
aux petits comme aux grands. « Les portes de
l'école, selon l'expression de Frédéric Oza-

(1) ARTAUD, *op. cit.*, page 73.

nam, que nous sommes toujours heureux de citer, s'ouvraient à deux battants pour y faire entrer, comme au festin de l'Evangile, les aveugles, les boiteux et les mendiants (1). C'est l'Eglise qui a eu l'honneur de fonder l'enseignement primaire, de vouloir l'instruction universelle et gratuite, non pas de cette gratuité absolue, plus apparente que réelle, qui fait payer le pauvre pour le riche, en ordonnant que le prêtre de chaque paroisse, de chaque village, apprît à lire aux petits enfants sans distinction de naissance et sans autre récompense que les promesses de l'éternité. Toutes les préférences de l'Eglise étaient pour les pauvres qui luttaient contre la dureté de leur condition; elle encourageait à titre d'œuvre pie les legs des mourants en faveur des écoliers nécessiteux. » De toutes les persécutions, la plus redoutée et la plus détestée ne fut pas celle du sang, la persécution

(1) *La civilisation au V* siècle*, tome II des Œuvres complètes, page 395.

de Dioclétien, mais celle du mépris et de l'hypocrisie, la persécution de Julien, par laquelle cet apostat interdisait aux chrétiens l'étude et l'enseignement des lettres classiques. Que disait, en effet, la loi de Julien? Elle considérait que les maîtres doivent se soumettre à l'examen de la commission municipale, de la curie, dont le jugement devait être sanctionné par l'approbation du prince. Mais, en réalité, cette décision était prise uniquement contre les chrétiens, en vue d'écarter des chaires ceux que l'empereur abhorrait et qu'il croyait flétrir en leur donnant le nom de Galiléens. « L'antiquité avait sans doute aimé la science, mais elle l'avait aimée comme l'avare aime son trésor : elle aurait craint de la déshonorer en la répandant. Le christianisme, lui aussi, a aimé la science, mais il a aimé l'homme encore plus. Il honorait la parole publique et l'encourageait par les canons de ses conciles, parce que la parole avait été son arme favorite, celle qui lui avait subjugué et ramené le monde, et il se plaisait à la répandre avec profusion. » (1)

Quel retour au paganisme que la théorie de ces prétendus philanthropes du XVIIIe siècle qui s'appelaient Voltaire et la Chalotais! La Chalotais se plaignait, en 1763, de la multiplicité des écoles publiques et gratuites répandues par tout le royaume. « N'y a-t-il pas, disait-il, trop d'écrivains, trop d'académies, trop de collèges? Le peuple même veut étudier; des laboureurs, des artisans envoient leurs enfants dans les collèges des petites villes. Les Frères de la doctrine chrétienne qu'on appelle ignorantins sont survenus pour achever de tout perdre. Ils apprennent à lire et à écrire à des gens qui n'eussent dû apprendre qu'à dessiner et à manier le rabot et la lime. Le bien de la société demande que les connaissances du peuple ne s'étendent pas

(1) *La Civilisation au Ve siècle*, tome Ier des Œuvres complètes, page 261.

plus loin que ses occupations. » (1) Voltaire affichait le même mépris pour les ouvriers, pour les artisans et les laboureurs. « Je vous remercie, écrivait-il à la Chalotais, de proscrire l'étude chez les laboureurs. Moi qui cultive la terre je vous présente requête pour avoir des manœuvres et non des clercs tonsurés. » (2) Rousseau disait aussi dans son Emile : « Le pauvre n'a pas besoin d'éducation. Celle de son état est forcée; il ne saurait en avoir d'autres » (3). Voltaire et Rousseau, Messieurs, ne voulaient pas de l'enseignement primaire, parce qu'il était chrétien; leurs héritiers s'en sont faits les propagateurs parce qu'ils espèrent le rendre athée.

Le fameux capitulaire de 788 décrétait la

(1) LA CHALOTAIS, procureur général du parlement de Bretagne, *Essai d'un plan d'études pour les collèges*, 1763, in-12.

(2) *Correspondance de Voltaire*, lettre du 28 février 1763.

(3) *L'Emile ou de l'Education*, 1762; livre Ier.

fondation d'un grand nombre d'écoles épiscopales et monastiques (1). « Sachez, disait
l'empereur, que, de concert avec nos fidèles,
nos leudes, nous avons jugé utile que dans
les épiscopats et. les monastères confiés, par
la faveur du Christ, à notre gouvernement, on
prît soin, non seulement de vivre régulière-
ment et selon notre sainte religion, mais encore d'instruire dans la science des lettres, et
selon la capacité de chacun, ceux qui peuvent
apprendre avec l'aide de Dieu. Car, quoiqu'il
soit mieux de bien faire que de savoir, il faut
savoir avant de faire. » Les écoles épiscopales
et monastiques étaient ouvertes aux laïques
comme aux écclésiastiques. Il n'était pas besoin de justifier d'une naissance illustre.
L'intelligence et le travail étaient les seuls

(1) *Recueil des Capitulaires*, édition BALUZE, 1677, 2 vol.
in-folio, tome Ier, col. 201. — Cf. PERTZ, *Monumenta
Germaniæ histórica*, Hanovre, 1826-1829.

M. GUIZOT a donné une traduction française de ce Capitulaire dans son *Histoire de la civilisation en France*,
tome II, page 171.

titres auxquels on eût égard. L'histoire nous montre des fils de meuniers assis sur les mêmes bancs et recevant les mêmes leçons que les membres de la famille impériale. C'était l'égalité chrétienne.

Charlemagne ne dédaignait pas d'aller lui-même visiter les écoles pour encourager les maîtres et les élèves. Le moine de Saint-Gall nous raconte une de ces visites. « Un jour, nous dit-il, il voulut prendre connaissance des cahiers des écoliers. Ceux de moyenne et de basse condition lui présentèrent des compositions soignées et qui passaient toute espérance. Les fils des grands aux contraire n'eurent à produire que des travaux dénués de valeur. S'adressant alors aux premiers : « Je vous loue, mes enfants, dit l'empereur, de votre zèle à remplir mes intentions et à soigner vos propres intérêts. Continuez et c'est pour vous que seront les riches évêchés et les magnifiques abbayes, et je vous tiendrai toujours pour gens considérables à mes yeux. » Tournant ensuite son visage irrité vers les élèves négligents : « Quant à vous, fils des principaux de la nation, vous, enfants délicats et gracieux, vous avez négligé mes ordres et le soin de votre avancement, pour vous abandonner aux jeux et à la mollesse. Mais, par le Roi des cieux, que d'autres vous admirent; je ne fais, moi, nul cas de votre naissance et de votre beauté. Sachez et retenez bien que, si vous ne vous hâtez de réparer votre négligence passée, vous n'obtiendrez jamais rien de Charles » (1). Vous reconnaissez la scène des élus et des réprouvés dans l'Evangile.

La brillante époque de Charlemagne ne fut pas de longue durée. La prompte dissolution de l'empire carlovingien, les ravages des Normands et des Sarrasins, les guerres féodales, furent autant de causes de ruines pour

(1) GUIZOT. *Collection des Mémoires relatifs à l'histoire de France, 1823. — Des faits et gestes de Charlemagne,* par un moine de Saint-Gall, livre Ier.

les écoles et cependant Lyon ne cessait pas d'être appelée la mère et la nourrice de la philosophie. *Philosophiæ nutricem et matrem* (1). Au xiie siècle, saint Bernard écrivait aux chanoines du chapitre de Lyon : « Il est constant qu'entre les églises de la Gaule, celle de Lyon a été jusqu'à ce jour la première par son amour des saines études (*studiis hones-tis*) et ses louables institutions autant que par la dignité de son siège. Où donc régna avec une égale vigueur, ajoute le grand docteur, le zèle de la discipline, la gravité des mœurs, le poids de l'autorité, la maturité des conseils, l'honneur de l'antiquité ? On ne la vit jamais acquiescer facilement à des nouveautés soudaines, ni se laisser dés-honorer par une légèreté juvénile, cette Eglise pleine de sagesse, de jugement. » (2) Ma-

(1) COLONIA, *Histoire littéraire de la ville de Lyon*, in-4°, Lyon, 1730, chez François Rigollet, libraire sur le quai des Célestins, au « Mercure galant », tome II, page 72.

(2) *Correspondance de saint Bernard*, lettres traduites en

gnifique éloge dans la bouche de saint Bernard !

C'est alors que l'Etude générale de Lyon passe pour une véritable Université, bien qu'il n'y ait jamais eu d'Université proprement dite à Lyon (1). Les écoles se multiplient dans notre ville, malgré les malheurs des temps. A côté de l'école épiscopale se fondent des écoles libres, des écoles publiques, des écoles de chant pour les filles et les garçons dans certaines paroisses, notamment à Saint-Paul, l'école des clercs et des clergeons, sorte d'école cléricale qui donna naissance à la Manécanterie, à la maîtrise de la cathé-

français par le Roy, Paris, 1702, 2 vol. in-8, sur l'édition des Pères Bénédictins de la Congrégation de Saint-Maur, tome II, page 1, lettre aux chanoines de Lyon sur la Conception de la Sainte Vierge.

(1) L'abbé FOREST, *L'Ecole Cathédrale de Lyon*, ch. 1er, pages 18-23. « Ce que le P. BULLIOUD, dans son ouvrage *Lugdunum sacro-prophanum* (dont le manuscrit est à Montpellier) appelle Université de Lyon, doit s'entendre seulement d'une école ou Faculté dans laquelle on enseignait le droit canon et le droit civil. »

drale (1). L'enseignement public de la Théologie et du Droit est établi, à Lyon, par le pape Clément IV, au xiiie siècle, sous le règne de saint Louis, et les archives lyonnaises nous ont conservé les noms de plusieurs maîtres illustres. Il y avait la fête des écoles et du barreau, des clercs de la basoche ; la fête dite de l'éloquence, célébrée le jour de la Saint-Thomas, le 21 décembre, car il s'agit de l'apôtre et non du docteur angélique. On y prononçait un discours d'apparat, un discours oratoire, comme nos discours de rentrée des tribunaux et des facultés. L'enseignement de la théologie et de la philosophie fut confié aux Jacobins, aux Frères-Prêcheurs, à ce grand ordre de Saint-Dominique si bien représenté dans notre jeune mais

(1) L'abbé Forest, ch. viii, pages 196-197 (ouvrage déjà cité). Cf. *Sept Monuments chrétiens de Lyon antérieurs au XIe siècle*, notice par M. le vicomte Fernand DE SAINT-ANDÉOL. — BÉGULE, *Monographie de Saint-Jean*, le bâtiment de la manécanterie, page 214.

vaillante Ecole de Théologie (1). L'enseignement de la médecine ne vint que plus tard. Le collège de médecine de Lyon, précédé par la communauté des chirurgiens, eut pour fondateur le célèbre Symphorien Champier, cousin du chevalier Bayard et médecin honoraire du roi Charles VIII (2).

Les maux, les désastres de la guerre de Cent ans et les guerres de religion ruinèrent un grand nombre d'écoles. On a attribué à la Réforme protestante le grand mouvement de renaissance qui se produisit dans l'enseignement à la fin du xvie et au commencement du xviie siècle. N'est-ce pas plutôt au Concile de Trente et à la grande réforme catholique des ordres religieux, à la fondation de toutes ces congrégations enseignantes

(1) Le P. BELON, professeur de dogme, de l'ordre des Frères-Prêcheurs.

(2) Symphorien Champier, né en 1472 à Saint-Symphorien-le-Château, près de Lyon, mort entre 1535 et 1540. Une rue de Lyon, voisine de l'église Saint-Bonaventure, porte encore aujourd'hui son nom.

d'hommes et de femmes qui couvrirent le sol
de la France de nouvelles écoles, qu'en re-
vient l'honneur et le mérite ? C'est l'époque
de la fondation de Saint-Sulpice par M. Olier,
de l'Oratoire par le cardinal de Bérulle, de
la Congrégation des Missions et des filles de
la Charité par saint Vincent de Paul. A côté
des anciennes écoles épiscopales se fondent
partout, dans les villes comme dans les cam-
pagnes, les écoles paroissiales, les écoles de
charité, appelées aussi les petites écoles, pour
l'enseignement primaire, sous la direction des
évêques et des curés. Le choix des maîtres
appartenait à l'évêque : la plupart de ces
maîtres étaient des ecclésiastiques, quelques-
uns aussi des laïques. C'était l'évêque, qui,
dans ses tournées pastorales, visitait, inspec-
tait les écoles ou déléguait à cet effet les
vicaires-généraux, les doyens, les simples
curés. En 1526, le Concile de Chartres
avait prescrit d'établir dans chaque paroisse
une école publique. Les maîtres, présentés

par les curés des paroisses, les doyens ou les promoteurs, étaient examinés sur leur science, leur piété et leurs mœurs, car l'Eglise, qui avait alors la haute direction de l'enseignement, ne séparait pas l'éducation de l'instruction, et on leur délivrait ensuite un certificat qui était une sorte de diplôme. C'est ce qu'on appelait les lettres d'institution, la collation des écoles. Les fondateurs, les magistrats municipaux qui établissaient des écoles, avaient également le droit de nomination, mais sous la réserve du droit de confirmation par l'évêque. L'école n'était pas alors une fonction publique rétribuée par l'Etat. C'était l'initiative individuelle qui faisait tout ou presque tout. L'Etat se bornait à suivre l'impulsion de l'Eglise et à faire passer dans ses Edits les lois qu'elle avait formulées dans ses Conciles.

Alors parut Charles Démia, qui devait faire des écoles de Lyon son œuvre par excellence et excercer une si grande influence sur les

destinées de l'enseignement du peuple, non
seulement dans notre ville, mais dans toute
la France. Il naquit à Bourg en Bresse, le
3 octobre 1636, et fut baptisé sous le nom de
Charles, ayant ainsi pour patron le grand archevêque de Milan, saint Charles Borromée.
Orphelin de bonne heure, il fut élevé par
une tante qui lui inspira, dès l'enfance, avec
l'amour de Dieu, celui des pauvres. Élève des
Pères Jésuites dont les collèges avaient été
rouverts par Henri IV, après la pacification
religieuse, il étudia d'abord le droit, mais sa
vocation ecclésiastique ne tarda pas à l'appeler à Lyon où il se plaça sous la direction de
M. Hurtevent, le premier supérieur de notre
séminaire diocésain de Saint-Irénée, dirigé,
dès sa fondation, par les Sulpiciens. Cette
maison de Saint-Sulpice, qui devait donner à
la France tant d'hommes éminents et de
saints prêtres, était déjà la grande école sacer-
dotale. M. Hurtevent présenta l'abbé Démia
à l'abbé de Saint-Just, Antoine de Neuville,

frère et grand-vicaire de Camille de Neuville,
archevêque de Lyon. C'était en 1664. L'abbé
de Saint-Just présenta lui-même M. Démia à
l'archevêque qui le nomma d'abord archi-
prêtre de la Bresse (la Bresse faisait alors
partie du diocèse de Lyon), puis visiteur extra-
ordinaire de la Bresse, du Bugey et des Dom-
bes, puis enfin promoteur du diocèse. Le promoteur était le magistrat qui remplissait au-
près des tribunaux ecclésiastiques les fonctions
de nos procureurs. Il était chargé du main-
tien de la discipline et de la répression de
ceux qui y manquaient. L'archevêque appré-
cia bien vite les services de M. Démia et voulut le loger dans une dépendance de son
abbaye, vis-à-vis du jardin d'Ainay.

M. Démia avait vu fonctionner à Paris un
bureau de charité qui avait pour but d'aider
les indigents par le conseil et le prêt gratuit.
Lyon était déjà la ville des œuvres. Elle avait
des hôpitaux pour recevoir les malades, des
maisons de charité publique où l'on accueil-

lait les vieillards, les enfants et même les voyageurs, des collèges pour l'instruction de la jeunesse, des établissements d'enseignement secondaire, comme nous dirions aujourd'hui : le Grand et le Petit Collège. Le Grand Collège, le collège de la Trinité (1), avait été fondé en 1529, sous François Ier, par la Confrérie de la Trinité qui lui avait appliqué ses revenus. Confié d'abord à des professeurs séculiers qu'on avait fait venir de Bourges et dont les plus célèbre fut Barthélemy Laneau qui enseigna la rhétorique pendant plus de trente ans, il passa ensuite aux mains des Pères Jésuites, par l'influence du cardinal de Tournon, en 1571. Les Jésuites furent eux-mêmes, après leur suppression, remplacés par les

(1) Colonia, *Histoire littéraire de Lyon*, tome II, pages 666-667.

Les bâtiments du Grand Collège, du collège de la Trinité, sont occupés aujourd'hui par le lycée Ampère et la bibliothèque du Collège est devenue la bibliothèque de la Ville.

(V. l'abbé Forest, ch. ix, page 234.)

Oratoriens. Le Petit Collège (1), de fondation postérieure, n'était qu'une succursale du Grand Collège, et n'avait que trois classes, les classes inférieures; on allait faire les classes supérieures au Grand Collège absolument comme aujourd'hui les élèves du petit lycée de Saint-Rambert vont terminer leurs études au grand lycée. Il avait été fondé du côté de Fourvière, sur la rive droite de la Saône, pour les enfants qui habitaient ce quartier.

Il manquait à Lyon un bureau de charité. M. Démia voulut doter notre ville d'une institution aussi utile qui existait déjà dans plusieurs diocèses du Midi, notamment à Aix et à Avignon. L'archevêque approuva son dessein. Il le chargea de composer lui-même le bureau de charité. M. Démia y fit entrer les

(1) Le Petit Collège était situé dans le quartier Saint-Jean, près le pont du Change. C'est là que se trouvait la faculté de théologie. Aujourd'hui il est occupé par la mairie du Ve arrondissement.

personnes les plus éminentes par leur piété et les plus entendues dans les affaires. Le bureau, établi le 7 janvier 1668, fut une œuvre diocésaine. Les membres se réunissaient dans un des salons de l'archevêché que Mgr de Neuville avait mis à leur disposition. Le bureau de charité rendit les plus grands services. Le biographe de M. Démia, l'abbé Faillon, prêtre distingué de Saint-Sulpice, professeur au séminaire de Saint-Irénée, pendant l'administration du diocèse par M. de Pens, nous dit que, dans l'hiver de 1681, qui fut très rigoureux, on établit pour le soulagement des pauvres deux grands magasins de charité, l'un de charbon, dans la rue Vieille-Monnaie, le quartier de Saint-Polycarpe, et l'autre de fagots, dans la cour du séminaire de Saint-Charles, où l'on en trouvait toujours des milliers entassés et que les distributions furent faites abondamment (1).

(1) *Vie de M. Démia*, instituteur des Sœurs de Saint-

Au bureau de charité de Lyon allaient se rattacher les petites écoles. M. Démia avait été frappé, dans sa tournée d'inspection des écoles, de trouver une profonde ignorance des choses de Dieu et des vertus chrétiennes. Il avait remarqué que la jeunesse de Lyon particulièrement vivait dans une sorte de vagabondage, faute d'instruction, et il avait résolu d'appliquer désormais tous ses soins à l'établissement des catéchismes et à la bonne discipline des écoles. Il adressa un mémoire, sous forme de remontrances, au Prévôt des marchands et aux Echevins, la municipalité lyonnaise du temps (1). Ces remontrances sont fort belles. M. Démia s'appuyait sur des

Charles, suivie de l'esprit de cet institut et d'une histoire abrégée de son premier patron, saint Charles Borromée. — Lyon, chez M. P. Rusand, libraire, imprimeur du Roi, 1829, pages 46-47, livre Ier.

(1) *Remontrances* à Messieurs les Prévôt des marchands, Echevins et principaux habitants de la ville de Lyon, touchant la nécessité des écoles pour l'instruction des enfants pauvres, par M. Charles DÉMIA, à la suite de la *Vie de M. Démia* (pages 487-504).

considérations d'ordre social en même temps que religieux et faisait preuve d'un grand sens pratique. « L'aumône d'une bonne éducation, disait-il, serait plus profitable et plus solide que toutes les autres qu'on pourrait faire, parce que celle-ci ne regarde pas seulement le soutien du corps, mais aussi la nourriture et la perfection de l'âme. Quand on fournit aux pauvres des vivres contre la faim et des vêtements contre la rigueur des saisons, ce sont là des bienfaits passagers dont les uns se consument par la chaleur naturelle et les autres par l'usage; mais la bonne éducation est une aumône permanente, et la culture des esprits des jeunes gens est un avantage en eux qu'ils possèdent toujours et dont ils tirent des fruits tout le temps de leur vie. » (1)

M. Démia concluait ainsi : « On espère que Monseigneur l'archevêque, aussi zélé pour le

(1) *Remontrances*, pages 501-502.

salut de ses ouailles qu'affectionné au bien de cette ville, qu'il procure avec tant de bonté et d'assiduité, ne laissera pas échapper cette occasion de donner des marques paternelles de sa piété et de son zèle, à l'égard de tant de pauvres enfants qui implorent, par ce grossier écrit, son autorité pour l'accomplissement de cet ouvrage si important pour la gloire de Dieu, le bien de l'Etat, l'utilité des particuliers et l'avantage de la ville, laquelle, ayant reçu par cet établissement le dernier trait de beauté qui semblait lui manquer pour la rendre parfaite, pourra ensuite servir de modèle accompli aux autres villes du royaume, étant non moins chrétienne que policée, non moins réglée dans les mœurs de ses habitants que régulière dans ses bâtiments ; autant illustre en piété que florissante en commerce ; enfin autant obéissante à Dieu que soumise à son roi et à ses magistrats » (1).

(1) *Remontrances*, page 504.

Les Remontrances produisirent un grand effet et eurent un immense retentissement. Une première école fut fondée à Saint-Georges, en 1667, qui fut le berceau des petites écoles de Lyon. Elle fut ouverte le 9 janvier, et M. Démia fêta toujours depuis cet heureux anniversaire, cher à son cœur. Ce ne fut point la ville qui paya les 200 livres nécessaires pour les gages du maître. Un chanoine, comte de Lyon, M. Devertrieux, se chargea du loyer de l'appartement et les 200 livres furent promises par une société de particuculiers qui s'assemblaient à Ainay, chez l'abbé de Saint-Just. M. Démia dut adresser de nouvelles remontrances, non plus seulement aux magistrats, mais aux principaux habitants de Lyon. Cette fois, les magistrats s'assemblèrent le 30 décembre 1670 et résolurent de payer des deniers communs la somme de 200 livres pour être employée à une école publique où l'on apprendrait aux enfants les principes de la religion chrétienne et les premiers éléments de la lecture et de l'écriture. Ce fut l'école de la maison de ville, sur la paroisse de Saint-Pierre. L'année suivante furent fondées les écoles de Saint-Michel et de Saint-Nizier. Celle de Saint-Nizier renferma bientôt un si grand nombre d'enfants qu'il fallut la dédoubler et prendre un sous-maître. En 1671 et 1672 furent fondées les écoles de Saint-Paul et du Bourgchanin, ce qui portait déjà à plus de cinq le nombre des petites écoles de Lyon (1).

Les contradictions ne manquèrent pas à M. Démia, comme à tous les fondateurs d'œuvres. Les uns le défiaient de pouvoir jamais venir à bout de ce qu'il avait entrepris ; les autres menaçaient l'œuvre d'une ruine prompte et totale. Presque tous s'efforçaient de l'en détourner comme d'un essai qui n'aurait jamais de succès véritable ni une longue durée. L'archevêque lui-même ne se montra

(1) *Vie de M. Démia*, livre II, pages 54-64.

4

pas très favorable à ses projets (1). M. Démia, qui mettait toute sa confiance en Dieu, ne désespéra pas, ne se découragea point et il réussit. Nommé directeur général des écoles du diocèse, le 2 décembre 1672, par Monseigneur de Neuville qui avait fini par se laisser gagner à sa cause, et muni des pouvoirs nécessaires, il créa le bureau des écoles, un comité composé moitié de laïques, moitié d'ecclésiastiques, au nombre de douze. Cette petite compagnie devait avoir ses assemblées régulières, afin que chacun des membres pût faire part à tous les autres de ses vues et de ses observations. Tous devaient partager le soin et la conduite des écoles. Les assemblées avaient lieu tous les trois mois et se tenaient à Ainay, chez M. Démia. La première se tint le premier dimanche de mars 1673 (2). On résolut de faire un règlement dont M. Démia

(1) *Vie de M. Démia*, page 65.
(2) *Ibid.*, pages 66-67.

fut naturellement chargé. Ce règlement des écoles, approuvé par l'archevêque, signé par les maîtres, renfermait vingt-quatre articles et entrait dans un détail minutieux sur les devoirs des maîtres, sur le mobilier et la décoration des salles, sur les livres qu'il fallait lire, sur la qualité et la quantité des enfants qu'on pouvait recevoir, sur la fidélité que devaient avoir les maîtres et les élèves à remplir leurs devoirs religieux, sur tout ce qui pouvait contribuer au bon ordre et à la sanctification des uns et des autres. Ce corps de statuts était le résultat de plus de vingt années d'expérience. L'homme de Dieu y avait tout prévu, tout réglé d'avance. M. Démia marquait aux maîtres et maîtresses toute l'étendue et la mesure de leurs obligations tant pour instruire les enfants que pour les former à la vertu. Chaque école se divisait en plusieurs classes; on en comptait jusqu'à huit. Quand une classe était trop nombreuse, on la sous-divisait en plusieurs bandes. M. Démia avait réglé l'or-

dre et la manière des leçons, tant de la lecture
que de l'écriture, l'orthographe et l'arithmétique. Il y avait, dans chaque école, outre le
maître, deux sous-maîtres, un pour l'écriture
et un pour la lecture ; un intendant ou ins-
pecteur, des décurions qui faisaient réciter le
catéchisme avant que le maître entrât. C'é-
taient les répétiteurs et les moniteurs. Dans
chaque école il devait y avoir un crucifix, les
images de Notre-Seigneur, du patron de la
paroisse, de saint Nicolas, de saint Charles,
et un ange gardien (1).

Un arrêt du conseil du roi, daté du 7 mai
1674, publié et enregistré dans les présidiaux,
bailliages et sénéchaussées, c'est-à-dire dans
les tribunaux du diocèse de Lyon, ordonnait
que tous ceux qui voudraient tenir des petites écoles dans le diocèse devraient prendre
la permission de l'archevêque et observer
exactement tous les règlements (2).

(1-2) *Vie de M. Démia*, pages 84, 99-100 ; pages 81-82.

M. Démia avait voulu donner à son œuvre devenue si considérable, qui avait ses statuts, sa police, ses officiers, des protecteurs dans le ciel. Il avait consacré toutes les écoles du diocèse de Lyon à saint Charles Borromée, son patron, comme à l'un des saints qui ont témoigné le plus de zèle et d'estime pour les écoles (1). Il avait chez lui un très-beau portrait de saint Charles qu'il avait acquis et qui a passé à l'archevêché (2). Il avait pris pour ses armes un cœur d'or au nom de Marie d'argent, avec cette devise : *Pauperibus evangelizare misit C. D,* (c'étaient les deux initiales de son nom). Il proposa aussi au bureau des écoles de prendre un jour dans l'année pour se réunir en commun en quelque lieu consacré à la sainte Vierge, la mère des pauvres. Sur sa proposition, il fut décidé que dans

(1) *Vie de M. Démia,* page 84.

(2) *Ibid.,* page 86. Par le mémoire joint à son testament, M. Démia laissait ce tableau, peint par Carrache, à M. l'archevêque pour qu'il lui plût de le mettre dans la salle où s'assemblait son conseil.

l'Octave de la Nativité de Notre-Dame on se rendrait à l'église de Fourvière, que le directeur général y dirait la sainte messe, à laquelle messe les directeurs laïques communieraient et que les directeurs ecclésiastiques l'entendraient aussi ou la diraient à cette intention, qu'enfin, après un petit entretien que le directeur général pourrait faire à la compagnie pour l'animer à la pratique de ses fonctions, chacun se retirerait avec recueillement et modestie. Ce fut l'origine du pèlerinage des écoles (1).

Je n'ai pas le temps, Messieurs, de vous analyser les divers articles du règlement des écoles de Lyon qui renferme tant de choses utiles et dont l'application a démontré la sage prévoyance. L'abbé Démia faisait appel à tout ce qui pouvait exciter une heureuse émulation parmi les élèves comme parmi les maîtres. C'est lui qui le premier imagina les concours

(1) *Vie de M. Démia*, pages 68-69.

ou disputes des écoles, véritables fêtes scolaires, auxquelles on donnait la plus grande solennité possible et qui étaient de petits combats académiques où le mérite et la vertu étaient toujours couronnés. Pour y attirer plus de monde, il faisait distribuer à l'avance des billets d'invitation en forme d'annonces, et qui portaient le titre de thèses des écoles pauvres. C'est lui aussi qui eut l'idée de créer une chevalerie des écoles, l'ordre du Saint Evangile, établi en 1677, où il y avait des chevaliers, des officiers, des généraux d'ordre, des inquisiteurs, un maître des cérémonies, tous pris parmi les écoliers (1). Il établit enfin un véritable patronage des écoles. Pour mieux gagner les enfants, il les réunissait plusieurs fois l'année dans le jardin de sa maison d'Ainay. Là il faisait dresser des tables et

(1) *Vie de M. Démia*, pages 71-78.

Tous les chevaliers portaient pour marque l'Evangile de saint Jean renfermé dans un tuyau, avec un ruban attaché au pourpoint.

donnait à dîner à cette prodigieuse multitude ; se tenant au milieu d'eux comme s'il eût été leur serviteur, les faisant ranger lui-même, et les servant de ses mains (1).

Ce n'était point encore assez. Pénétré de l'importance du choix et de la formation des maîtres (il se rappelait que M. Bourdoise, l'ami de saint Vincent de Paul, disait à M. Olier que pour faire un vrai maître d'école, les meilleurs prêtres, les plus grands, les docteurs en Sorbonne ne seraient pas trop bons), M. Démia songea à former un séminaire des maîtres d'écoles, une école normale. La ville ne voulut pas l'aider : il fit seul, loua une maison dans laquelle il logea sa communauté, veillant à ce que ses jeunes maîtres ne manquassent de rien, se réduisant à coucher sur une simple paillasse pour leur envoyer ses matelas et la garniture de son lit. Ce séminaire est connu sous le nom de commu-

(1) *Vie de M. Démia*, page 103.

nauté ou séminaire de Saint-Charles. Les règlements étaient les mêmes que ceux qui existaient pour le séminaire de Saint-Irénée (1). La nouvelle association fut approuvée par l'archevêque, le 1er février 1679, et autorisée par l'Etat en 1680. Le roi, par des lettres patentes, autorisait aussi le bureau des écoles à recevoir des successions, des dons qui ne tardèrent pas à se multiplier. Ces lettres patentes furent enregistrées au parlement le 19 mars 1681, à la chambre des comptes de Paris le 29 du même mois, et enfin au greffe du siège présidial de Lyon. (2)

L'œuvre de M. Démia eût été incomplète, si, en instituant des écoles pour les jeunes garçons, il n'en avait pas établi pour l'instruction des filles. Aussi, après avoir établi la communauté des maîtres, en forma-t-il une seconde pour les maîtresses, connue depuis sous le nom de communauté des Sœurs de

(1) *Vie de M. Démia*, pages 106-109, livre III.
(2) *Ibid.*, pages 111-114.

Saint-Charles. Il y eut aussi le bureau des écoles de filles, organisé sur le modèle du bureau des écoles de garçons et composé de dames pieuses qui s'occupaient des écoles de filles comme Messieurs du bureau surveillaient les écoles de garçons. La compagnie se réunissait chez M. Démia, dans sa maison d'Ainay, le premier lundi de chaque mois. Il y eut les écoles de travail, fondées en 1678 pour les travaux manuels, les ouvroirs, car M. Démia voulait qu'on apprît aux filles à travailler en même temps qu'on leur apprenait à lire, afin, disait-il, d'en faire des filles propres pour le ménage et capables de s'occuper dans l'état où Dieu les voudrait (1).

L'œuvre de M. Démia était enfin achevée : il pouvait mourir. Avant de mourir, il voulut donner un gage suprême d'affection à ses chères écoles. Il légua toute sa fortune à la communauté des maîtres et des maîtresses.

(1) *Vie de M. Démia*, livre IV, pages 137-153.

Dans un mémoire qu'il joignait à son testament et qu'il écrivait quelques jours avant sa mort, il déclara qu'il laissait tout son bien à l'œuvre des écoles, chargeant Messieurs du bureau d'en disposer en vue de l'entretien des maîtres et pour l'établissement d'une communauté et séminaire de maîtresses d'école (1). Il rendit doucement son âme à Dieu, le 23 octobre de l'année 1689, dans la cinquante-troisième année de son âge et dans sa maison d'Ainay. Il avait choisi pour son tombeau le séminaire de Saint-Irénée. Ses funérailles furent magnifiques. La marche était ouverte par tous les enfants des seize écoles de la ville, tant garçons que filles, qui se montaient à 1600. Ils allaient deux à deux avec une grande modestie et dans un profond silence, accompagnés de leurs maîtres et de leurs maîtresses (2).

Les écoles modèles de Lyon servirent

(1) *Vie de M. Démia*, pages 169-170.
(2) *Ibid.*, pages 185-187.

d'exemple aux autres diocèses et se propagèrent rapidement dans toute la région, et même au delà. Les évêques demandèrent à M. Démia, d'abord ses règlements, puis des maîtres sortis de son séminaire (1). L'abbé de la Salle ne fit qu'appliquer dans la Conduite de ses écoles la plupart des articles du règlement des écoles lyonnaises.

Messieurs, la Révolution est venue ; elle a voulu supprimer les Frères et les Sœurs. Ils sont revenus, après la tourmente ; ils ont fondé de nouvelles écoles plus nombreuses et plus florissantes que jamais. Avant 1789, les Frères étaient à peine mille ; ils sont aujourd'hui 10.000, ont 1.300 écoles et 300.000 élèves (2). Quels que soient les efforts de l'im-

(1) *Vie de M. Démia*, livre II, pages 89-94.
(Ecoles de Saint-Etienne, de Villefranche, de Saint-Rambert-en-Forez, de Saint-Chamond ; diocèses de Châlons, de Grenoble, d'Agde, de Toulon.)
(2) *Histoire de saint Jean-Baptiste de la Salle*, ancien chanoine de l'église métropolitaine de Reims, fondateur de l'Institut des Frères des écoles chrétiennes, par J. GUIBERT,

piété, tant que le christianisme vivra dans les âmes, comme l'a si bien dit le comte de Montalembert (1), elle ne pourra pas vaincre l'armée du dévouement et du sacrifice.

prêtre de Saint-Sulpice, supérieur du séminaire de l'Institut catholique de Paris. — Paris, Poussielgue, 1900, 1 vol. gr. in-8°, pages XL-725. — V. le tableau des congrégations enseignantes des Frères dont le siège est en France, p. 669. — Les Frères, à l'heure présente, sont près de vingt mille; le chiffre de leurs écoles dépasse mille cinq cents; leur enseignement atteint plus de trois cent vingt mille enfants.

(1) *Les Moines d'Occident*, tome V, page 379.

LYON. -- IMP. EMMANUEL VITTE, RUE DE LA QUARANTAINE, 18.